집에서 즐기는 본격 커피와 홈 카페 인테리어

# 커피가 좋아서

집에서 즐기는 본격 커피와 홈 카페 인테리어

# 커피가 좋아서

cafenoma | 김윤경 옮김

심플라이프

어릴 때, 아침이면 부모님은 느긋하게 쉬면서 커피를 마시곤 했습니다.
그 모습이 참으로 인상적이었어요. 커피가 조금 남으면 설탕 한 스푼을 듬뿍 넣어
내게 건네주시곤 했는데, 그것이 나에겐 아침의 큰 즐거움이었죠.

어른이 되어 일 때문에 일본 각지와 세계 곳곳을 다니면서,
마음에 드는 카페와 커피 원두, 커피 도구를 찾아다니는 일이
자연스럽게 취미가 되었습니다.
인테리어가 근사한 카페를 만나면 언젠가 나도 이렇게 멋진 공간에서
커피를 마시고 싶다는 꿈을 조금씩 키워 가면서 말이죠.
이탈리아에서 커피 도구 전문회사인 비알레티(Bialetti)의 모카포트를 처음 만났을 때,
그 직화식 에스프레소 머신으로 만든 카페오레 맛에 감동했던 일은
지금도 잊히지 않는 그리운 추억입니다.

이 책은 커피와 집을 좋아하는 우리 카페노마 두 사람이 함께 쓴
하루하루의 커피 테이블에 관한 기록입니다.
카페노마(cafenoma)의 마(ma)는 일본어로 '공간(間)'이라는 뜻으로,
카페노마는 '커피가 있는 공간'을 의미합니다.
우리 부부는 커피를 무척 좋아하지만 전문가는 아닙니다.
우리에게 중요한 것은 커피 자체가 아니라 커피가 있는 공간, 그 삶의 풍경입니다.

마음에 드는 공간에서 여유롭게, 좋아하는 커피를 마십니다.
그런 생활을 추구하면서, 커피를 내리는 방법에서부터 손님맞이, 커피와 어울리는 간식,
인테리어 등 우리가 찾아낸, 우리 나름의 '커피가 있는 편안한 생활'을
이 한 권의 책에 정리해 보았습니다.

오늘, 맛있는 커피 한 잔, 어떠세요?

커피 한 잔과 함께 . . .   행복한 시간을 보내요.

좋아하는 것들에 둘러싸여
편안한 기분을 느껴 보세요.

집에서
커피를 즐길 수 있는 비법을
알려드릴게요.

# CONTENTS

**PROLOGUE** 4

*레시피에서 오븐은 반드시 표시된 온도로 예열한 후에 사용한다.
 열원과 기종에 따라 다르게 구워지므로 상황에 맞게 굽는 시간을 조절하자.

## 커피와 함께하는 시간

핸드 드립으로

시간과 정성을 들여 내리는 커피는

큰 즐거움의 하나.

물이 고이지 않도록

커피 원두 위로 살며시 물을 붓는다.

잠깐 머릿속을 텅 비우고

똑, 똑, 똑 떨어지는 물방울을

느긋하게 바라보는

이 시간이 참 좋다.

**MENU**
### 페이퍼 드립 커피 → 110쪽 (웨이브 타입)

**주둥이가 좁은 드립포트**
⟨다카히로 디몬슈 오리지널 컬러 / 카페 비브몬 디몬슈* (cafe vivement dimanche)⟩
유리 드리퍼 ⟨155블랙 / 칼리타(Kalita)⟩
서버 ⟨300서버G / 칼리타⟩
머그 ⟨빈티지 / ARABIA⟩

*'비브망 디망슈'라고도 발음한다.

## 나만을 위한 사이펀 커피

오늘은 사이펀으로 커피를 내린다.

흔히 '미니펀'이라고 부르는,

작은 잔에 한 잔밖에 만들 수 없는

세상에서 가장 작은 사이펀이다.

오로지 나만을 위해 특별히 사이펀으로 커피를 내리니

어쩐지 무척 호화로운 느낌이다.

추운 겨울 아침, 미니펀으로 커피를 마신다. 막 내린
커피가 차올라 플라스크에 뽀얗게 김이 서렸다! 오늘
은 왠지 좋은 일이 생길 것만 같이 마음이 따스하고
편안해져서, 김 서린 플라스크를 한참 동안 지그시 바
라보았다.

MENU

## 사이펀으로 내린 커피 → 118쪽

슬림포트 〈츠키우사기(月兎印) / 후지이〉
미니 사이펀 〈하리오(Hario)〉

## 창가에서 즐기는 커피

창밖으로 펼쳐진 풍경이 마음속에 살포시 들어와 앉는다.

커피를 마시며 거리를 오가는 사람들을 바라보는

이 시간이 더없이 좋다.

커피 곁을 지키는 친구는 수제 머핀.

받침접시에 올려놓은 자그마한 간식의 레시피를 떠올리는

이 순간이 무척 즐겁다.

우리 집 창가 난간은 테이블 대용으로 쓰기에 딱 좋
다. 넓진 않지만 이곳에서 샌드위치를 먹거나 커피를
마신다.

**MENU**

에스프레소 → 124쪽

머핀

(오른쪽) 에스프레소 잔 & 받침접시 〈Oiva / 화이트 / 마리메코〉
(왼쪽) 에스프레소 머그 〈KoKo / ARABIA〉
나무 받침접시 〈교토의 카페 'efish'에서 구입〉
디저트 스푼 〈Cutipol〉

# 운하 옆 카페에서 얻은 아이디어

키친 한쪽의 모습.
이 인테리어 아이디어는
암스테르담의 운하 옆에 자리한,
낡고 자그마한 카페에서 얻었다.
불그스름한 벽돌 벽과
메뉴가 적힌 커다란 칠판.
좋아하는 인테리어를 그리다 보면
언제나 그 카페가 머릿속에 떠오른다.

빨간 머그 〈Falcon Enamelware〉
흰 머그 〈27 COFFEE ROASTERS〉
에스프레소 잔 〈러시매트 / 마리메코〉
에어로 프레스 〈에어로비〉
미니 사이펀 〈하리오〉

# 멋진 넬 드리퍼

고상하고 아름다운 넬 드리퍼*.

세련되고 우아한 찻잔은 물론

차분한 분위기의 인테리어에도 잘 어울린다.

짝을 이룬 미니어처 같은

밀크 피처와 함께 올려놓으면

마치 엄마와 아기처럼 보기 좋다.

*nel dripper. 플란넬(flannel, 면이나 양모를 섞어 만든 가벼운 천)로 만든 커피 필터를 사용하는 드리퍼.

**미노와니초메(三ノ輪2丁目) 넬 드리퍼**
의료용 유리를 만드는 회사 제품으로, 모두 핸드메이
드다.

MENU
넬 드리퍼로 내린 커피 → 114쪽

넬 드리퍼 서버·밀크 피처 〈미노와니초메 넬 드리퍼 / 고이즈미 유리제작소(小泉硝子製作所)〉
드미타스 잔 & 받침접시 〈아네모네(빈티지) / ARABIA〉

## 좋은 크루아상이란

처음 방문한 빵집에서는

우선 가볍게 식빵을,

그다음으로 크루아상을 맛본다.

모두 크루아상이라고 부르지만

맛과 식감은 가게마다 제각각이다.

겉은 바삭바삭하고

켜켜이 겹진 속살에는 버터의 고소함이 녹아든,

그런 크루아상이 내가 좋아하는 맛.

**MENU**

### 페이퍼 드립 커피(스테인리스 필터 사용) → 110쪽
### 크루아상

커피 잔 & 받침접시 〈빈티지 / ARABIA〉
커피 서버 〈도쿄공동무역(東京共同貿易)〉
디저트 스푼 〈Cutipol〉
밀크 피처 〈잡화점 'Madu'에서 구입〉

## 팬케이크에 커피시럽을

커피로 시럽을 만들어 보았다.

원래는 아이스커피나 젤리용이지만

문득 팬케이크에 얹어 보고 싶었다.

커피의 풍미가 팬케이크에 살며시 스며들어

상상 이상으로 맛있다.

커피시럽은 좋아하는 커피에 같은 비율의 설탕을 녹
이면 완성! 가급적 싸라기설탕이나 흑설탕을 사용해
보자. 캐러멜 같은 감칠맛이 나 더욱 맛있다.

**MENU**

넬 드리퍼로 내린 커피 → 114쪽
팬케이크에 버터와 커피시럽을 듬뿍

회색과 흰색 접시 〈CLASKA Gallery & Shop 'DO'〉
나이프 〈북유럽 빈티지〉
포크 〈Cutipol〉
에스프레소 잔 〈Margarida Fabrica〉
나무 쟁반 〈북유럽 빈티지〉

## 포르투갈에서 온 에스프레소 잔

마음에 쏙 드는 잔에 마시는 에스프레소.
이 잔은 포르투갈의 여성 도예가인
마르가리다의 작품이다.
우리의 인스타그램이 마음에 든다며
선물로 보내 주었다.
하나하나 다른 표정을 담은 머그에서
그녀의 따스한 정성이 느껴진다.

**MENU**

에스프레소 → 124쪽

에스프레소 머그 〈Margarida Fabrica〉
디저트 스푼 〈Cutipol〉

## 바쁜 아침에는 에어로 프레스

아무리 바쁜 날이라도

우리는 방 청소로 하루를 시작한다.

이는 마치 작은 의식과도 같다.

그래도 맛있는 커피 한 잔은 절대 생략하고 싶지 않다.

그럴 때는 에어로 프레스로 커피를 내린다.

재빨리 손쉽게 내릴 수 있기에

마음에 드는 커피 기구 중 하나다.

MENU
## 에어로 프레스로 내린 커피 → 120쪽

에어로 프레스 〈에어로비〉
밀크 피처 〈Rattleware〉

## 독서의 벗, 커피

키친 맨 끝자락에 앉아

책이나 잡지를 읽는 재미가 쏠쏠하다.

커피는 독서에 절대 빼놓을 수 없는 친구.

포트에 커피를 내려 느긋하게 여유를 즐기고 싶다.

한 손에 살짝 집히는 간식까지 있으면

그것만으로도 행복하다.

휴일 오후는 이렇게 보낼 때 제일 좋다.

책장에 나란히 꽂은 책등도 인테리어가 된다. 집에서
는 분야나 저자로 구분하지 않고 책등 색이나 디자인
으로 분류해 꾸며 놓았다.

MENU

프렌치 프레스로 내린 커피 → 116쪽
피낭시에

에스프레소 잔 〈러시매트 / 마리메코〉
에스프레소 받침접시 〈Oiva / 블루 / 마리메코〉
포트 〈고베의 잡화점 'NAIFS'에서 구입〉

홈 카페 환경 만들기 1

# 인테리어

새 물건보다는 따스함이 느껴지는 오래된 것이 좋다. 새 물건이라도 근대적 인테리어와 조화를 이룬다면, 옛것의 깊은 맛과 여유로운 분위기에 마음이 편안하다면 더없이 만족한다. 적절한 언밸런스도 안도감을 준다.

우리 집 인테리어는, 일 때문에 여러 번 가본 네덜란드 암스테르담의 카페를 모델로 삼았으며 심플함을 중시했다. 나는 둥근 모양을 좋아하는 반면 남편은 미니멀하고 직선 모양의 디자인을 좋아한다. 이렇게 우리 둘의 취향은 다르지만, 함께 살면서 점점 서로 밸런스를 맞추어 중성적인 느낌으로 꾸미고 있다. 생활감이 좀 있는 편이 마음이 차분해지기에, 기존 가구 배치를 바꿔 가면서 인테리어에 조금씩 변화를 주고 있다.

## 카운터

카운터는 흰색 타일을 붙여 깨끗한 느낌을 주었다. 친구들은 놀러 오면 우선 이 의자에 앉아 커피를 마신다. 오래된 느낌의 붉은 벽돌은 원래 외벽용이지만 이렇게 꾸며 놓았더니 마음에 쏙 든다.

## 소파 & 테이블

미묘한 개성을 지닌 회색 소파는 'Bo Concept' 제품. 스웨이드 같은 가죽 소파로, 음료를 엎질러도 쉽게 닦을 수 있어 편하다. 커피 테이블은 북유럽산 빈티지다.

## 조명

더 콘란 숍(The Conran Shop)에서 찾아낸 램프. 앙증맞고 독특한 모양이라 한눈에 반했다. 카페 분위기를 확 살리는 인테리어의 숨은 공신이다.

## 포트 커피의 감동

카페나 찻집에 가면

포트로 커피를 따라 주는 곳이 있다.

마치 "천천히 쉬다 가세요"라고 속삭이는 듯해

마음이 참 편안해진다.

그런 커피를 한 잔 가득 마시고 나면 행복은 두 배로 커진다.

포트로 따라 주는 커피를 마주하면

마음속에 늘 잔잔한 감동이 인다.

MENU
페이퍼 드립 커피 → 110쪽
컵케이크

포트 〈일본의 빈티지〉
머그 〈독일의 빈티지〉
손잡이 달린 받침 〈MOMO natural에서 구입〉

## 비스킷과 함께 아포가토를

미용실에 가면 늘 음료와 함께 내오는

로터스의 캐러멜 비스킷.

이날은 어쩌다 보니 집으로 가지고 왔다.

간식 시간에 생각나

좋아하는 아포가토에 곁들여 보았다.

스푼 대신 비스킷으로 아이스크림을 떠서 입에 넣었더니

쌉싸름한 단맛과 시나몬의 풍미가 입 안 가득 퍼졌다.

우리 집 대표 메뉴로 자리 잡은 디저트, 아포가토. 모카포트나 에스프레소 머신으로 내린, 풍미가 깊은 커피와 함께 먹고 싶다.

**MENU**

아포가토 → 127쪽(레시피는 팥 아포가토)

로터스 캐러멜 비스킷과 바닐라 아이스크림

아이스크림 스쿱 〈제롤〉
스푼 〈안제 라비상트 신주쿠점에서 구입〉
에스프레소 머그 〈KoKo / ARABIA〉
유리잔 〈잡화점 'Madu'에서 구입〉

## 오후의 와플

와플은 예쁘게 구우려면 노하우가 필요하다.

하지만 모양이 덜 예뻐도

그건 홈 카페만이 갖는 애교!

오늘은 아메리칸 타입의 바삭바삭한 와플에

간단하게 설탕 가루만 뿌렸다.

쟁반에 종이를 깔고

커피와 함께 스타일링 완성.

와플은 비탄토니오(Vitantonio)사의 와플&포트샌드
베이커로 구웠다. 벨기에 와플처럼 도톰하게 제대로
구워진다. 별도로 판매하는 틀을 바꿔 끼우면 파니니
(panini)나 붕어빵도 만들 수 있다.

**MENU**
페이퍼 드립 커피 → 110쪽
설탕 가루를 뿌린 와플

**검은색 쟁반** 〈스톡홀름의 잡화점 'iris hantverk'에서 구입〉
**커피 잔** 〈호가나스 케라믹(Höganäs Keramik)〉
**포트** 〈럭키우드(Luckywood)〉
**나무 받침접시** 〈잡화점 'Madu'에서 구입〉

## 어느 눈 내린 날

2014년 2월 어느 날,

요코하마는 20년에 한 번 올까 말까 한 폭설로 뒤덮였다.

평소 많은 사람과 차들이 오가던 거리는

새하얗게 덮여 고요하고 환상적이다.

이런 때는 소복하게 쌓이는 눈을 바라보면서

집에서 커피를 마시는 것이 제일이다.

오늘은 아침부터 촉촉이 비가 내린다. 비가 오는 날
은 운치가 있어 좋다. 거리를 오가는 사람들의 알록
달록한 우산을 눈으로 좇으며 톡, 톡, 창문을 두드리
는 빗소리에 귀를 기울인다.

MENU
페이퍼 드립 커피 → 110쪽
비스킷

에스프레소 잔 〈KoKo / ARABIA〉
도마 〈잡화점 'Madu'에서 구입〉

## 어릴 적 쿠키 맛을 즐기다

새로운 디저트도 좋지만

어릴 적부터 먹던 간식 맛도 잊을 수 없다.

오늘 커피와 함께할 벗은 이즈미야(泉屋) 도쿄점의 쿠키.

소박한 모양도 마음에 들고 맛도 담백해서

따뜻한 느낌이 든다.

가끔씩 이 쿠키가 몹시 먹고 싶다.

MENU
에스프레소 → 124쪽
이즈미야 도쿄점의 쿠키

에스프레소 잔 & 받침접시 〈Oiva / 화이트 / 마리메코〉

## 좋아하는 빵을 준비하며

좋아하는 빵을 조금씩, 원하는 만큼,

내가 원하는 만큼 먹을 수 있다는 점은

홈 카페의 빠뜨릴 수 없는 매력이다.

빵을 좋아하는 사람에게 이보다 더 행복한 일은 없다.

이날은 보기만 해도 눈이 즐거운,

쇼난(湘南)에 있는

미디 아 미디(midi a midi)의 빵을

가지각색으로 준비했다.

MENU

프렌치 프레스로 내린 커피 → 116쪽

'midi a midi' 빵 6종

버터

나무 트레이와 흰 접시 〈요요기우에하라(代々木上原)의 잡화점 '구라시노 미세 기오(暮らしの店 黃魚)'에서 구입〉

에스프레소 잔 〈KoKo / ARABIA〉

포트 〈럭키우드〉

버터 그릇 〈DEAN&DELUCA〉

## 바나나 프렌치토스트

우우, 달걀, 식빵만으로 만드는 프렌치토스트.

집에 있는 식재료만으로

금세 만들 수 있는 근사한 메뉴다.

바나나가 있다면

토스트 위에 살짝 얹어 보자.

한순간에 카페 메뉴로 탈바꿈한다.

건과일이 들어간 빵을 이용한 프렌치토스트. 일인용
프라이팬에 크림과 함께 내 보았다. 빵의 종류에 따
라 달라지는 맛과 식감을 찾아내는 것도 하나의 즐거
움이다. 데니시 식빵으로도 폭신폭신하고 맛있게 구
울 수 있다.

**MENU**

페이퍼 드립 커피 → 110쪽
바나나 프렌치토스트

접시 〈maison blanche classique〉
머그 〈독일의 빈티지〉
서양배 모양의 나무 볼 〈B-COMPANY에서 구입〉
웨이브 드리퍼 〈155 / 칼리타〉
서버 〈300서버G / 칼리타〉
포크 〈나스시오바라(那須塩原)의 잡화점 'SOMA JAPON'에서 구입〉
허니 디퍼(honey dipper) 〈요요기하치만(八幡)의 카페 '피부안느(pivoine)'에서 구입〉

## 오븐에서 나온 그대로

갓 구운 케이크나 쿠키를

그대로 테이블에 올려놓을 수 있는 것도

홈 카페만이 누릴 수 있는 특권이다.

격식을 차리지 않고 그대로 내는

이 스타일을 참 좋아해서

노다호로(野田琺瑯)의 작은 법랑 바트*를 애용한다.

*vat. 사진 현상 또는 요리에 쓰는 사각 트레이를 가리킨다. 법랑도 있고 스테인리스도 있다.

**MENU**
### 에어로 프레스로 내린 커피 → 120쪽
### 쁘띠 케이크 2종

바트 〈데후타(手札) / 노다호로〉
둥근 접시, 커피 잔 〈ARABIA〉
포트 대·소, 설탕 포트 〈럭키우드〉
긴 나이프 〈Jean Dubost〉
나무 포크 〈가구잡화점 'ACTUS'에서 구입〉
도마 〈요요기우에하라의 잡화점 '구라시노 미세 기오'에서 구입〉

## 사이펀의 매력

무척 아끼는 커피 잔과 받침접시에

오늘 마실 커피를 사이펀으로 내렸다.

깔끔하고 산뜻한 맛이, 우리 취향에 딱 맞는다.

보글보글 물이 끓어오르면서

집 안 가득 퍼지는 커피 향이야말로

사이펀의 진정한 매력이 아닐까.

어릴 때 부모님이 커피를 마실 때면 어김없이 등장하
던 단스크(DANSK)의 검은색 커피 잔. 부모님 댁 찬장
에 있던 이 커피 잔을 좋아한다. 우리가 물려받아 쓰
고 있는데, 흠이 좀 나긴 했지만 테이블에 잘 어울려
만족한다.

MENU
## 사이펀으로 내린 커피 → 118쪽

커피 잔과 받침접시 〈단스크 IHQ〉
사이펀 커피메이커 〈테크니카 시리즈 / 하리오〉

## 고향에서 온 달콤한 선물

나는 오사카에서 나고 자랐지만
요코하마에서 오래 살다 보니
고향의 달콤한 맛을 거의 잊고 있었다.
간사이는 맛있는 간식의 보물 창고다.
그런 꿈의 고장에서 보내온 반가운 선물,
핸드트릭이라는 가게의 서양배 타르트.
고맙게 잘 먹었습니다!

**MENU**

에어로 프레스로 내린 커피 → 120쪽

서양배 타르트

접시 〈CLASKA Gallery & Shop 'DO'〉
사각 접시 〈maison blanche classique〉
커피 잔 〈구스타브스베르그(Gustavsberg)〉
포트 〈카페 마메히코〉
나이프·포크 〈SUNAO / 츠바메 신코〉
나무 쟁반 〈북유럽의 빈티지〉

# 집에서 만드는 와플

전문점에서만 먹을 수 있다고 여겼던 와플도

와플 메이커만 있으면

언제든지 집에서 만들어 먹을 수 있다.

하트 모양의 따끈따끈한 와플이 익어 가면

마음도 따라 들뜬다.

식감이 경쾌해서 크림이나 소스와도 잘 어울린다.

갓 구워진 와플을 설레며 기다린다.

알프레사(Alpressa) 하트 모양 와플 메이커. 구조와
기능이 단순해서 와플을 먹고 싶을 때 바로 구워 먹
을 수 있다. 겉은 바삭하고 속살은 폭신폭신하며 다
른 와플 메이커보다 얇브스름하게 구워진다.

**MENU**

## 설탕 가루, 마스카르포네 크림, 블루베리 소스를 얹은 하트 모양 와플

와플 메이커 〈하트형 / 알프레사〉
흰색과 회색 접시 〈CLASKA Gallery & Shop 'DO'〉
디저트 포크 〈가구잡화점 'Actus'에서 구입〉
잼 유리병에 든 나무 스푼 〈잡화점 'Madu'에서 구입〉

## 샌드위치로 소풍 분위기를

이날 점심으로는

적색 양배추에 질 좋은 로스햄을,

아보카도에 크림이 많이 든 치즈를 올려

채소가 듬뿍 든 샌드위치를 만들었다.

나무 상자에 담아 카페 테이크아웃 풍으로!

이렇게 아이디어를 떠올리는 일 또한 즐겁다.

얄팍하고 가벼운 나무 상자가 있으면 편리하다. 샌드
위치는 물론 쿠키를 한데 담기만 해도 한층 멋스럽
다. 이대로 테이블에 내놓아도 자연스럽고 남은 쿠키
는 그대로 보관할 수 있어 좋다.

MENU
에어로 프레스로 내린 커피 → 120쪽
양배추 샌드위치
아보카도 샌드위치

나무 상자 〈가구잡화점 'Autus'에서 구입〉
커피 잔 & 받침접시 〈빈티지 / ARABIA〉
포트 〈카페 마메히코〉

홈 카페 환경 만들기 2

# 디스플레이

내가 커피에 매료된 건 커피 기구와 도구 영향이 컸다. 세련된 구조와 독특한 형태, 디자인이 뛰어난 기구들은 디스플레이만 해도 멋진 인테리어가 된다. 좋아하는 물건에 둘러싸여 그것을 바라보면서 마시는 커피 맛은 각별하다. 그래서 각 코너의 디스플레이도 인테리어만큼 중요하다.

좋아하는 커피 기구를 모두 진열한 선반(오른쪽)은 우리가 '커피 스테이션'이라고 부르는 곳으로, 마음에 쏙 드는 공간이다. 어떤 원두를 사용할지 고른 뒤, 포트를 가지고 와 이곳에서 커피를 내리기도 하고, 에스프레소 머신을 사용하기도 한다. 디스플레이는 그날의 기분이나 편의에 따라 자주 위치를 바꾼다. 조금씩 변화를 주는 시간을 즐긴다.

## 에스프레소 잔

에스프레소 잔은 일본풍 요리점에서 내는 작은 사기 잔에서 힌트를 얻어, 커다란 나무 볼에 엎어 놓는다. 다양한 잔의 엉덩이들이 제각기 개성을 뽐내 재미있다.

## 블랙 보드

커피 기구가 늘어났을 때, 커피를 내리는 다양한 방법 중에서 좋아하는 것을 고를 수 있도록 칠판에 메뉴를 써 놓는다. 조만간 벽 한쪽을 DIY 칠판으로 꾸미려고 계획하고 있다.

## 포스터

포스터 한 장으로 방 분위기가 달라지기에 정기적으로 그림을 바꾸는 일이 즐겁다. 왼쪽 앵두 그림은 스톡홀름까지 찾으러 갔던 추억이 깃들어 있다.

## 컵 진열장

오랜 세월에 걸쳐 여러 나라에서 사 모은 커피 잔은 잡화점 'Madu'에서 구입한 찬장에 진열했다. 정겨운 느낌이 나는 빈티지 찻잔이 많다.

## 연근 햄버그와 달걀 샌드위치

우리 집 햄버거 패티에는 연근을 넣는다.

다진 고기와 잘게 간 연근을 2:1 비율로 섞고

볶은 양파를 넣은 뒤

소금, 후추, 간장으로 맛을 낸다.

여기에 우유로 갠 빵가루를 넣고

모양을 만들어 구우면 완성!

신선한 채소와 달걀 반숙도 함께 낸다.

작은 햄버거빵으로 한입 크기의 연근 햄버거를 만들어 보자. 모양이 다른 빵에 끼우면 또 다른 느낌이 난다.

**MENU**

프렌치 프레스로 내린 커피 → 116쪽
연근 햄버그 샌드위치

도마 〈북유럽의 빈티지〉
커피 잔 & 받침접시 〈호가나스 케라믹〉
조미료를 담은 작은 그릇 〈DEAN&DELUCA〉
스푼 〈잡화점 'Madu'에서 구입〉

## 참치와 블랙올리브 샌드위치

어떤 카페에서 만난 아침 샌드위치.

무척 맛있어서 집에서 따라 해봤다.

이후 우리 집 대표 메뉴로 등극!

레시피를 상상하며 만들기 때문에

만들 때마다 조금씩 다른 맛이 나지만

감동했던 메뉴를 시행착오를 거듭해 가며

재현하는 재미가 쏠쏠하다.

양파와 식초로 산미를 살린 참치에 잘게 썬 블랙올리
브를 듬뿍 얹는다. 그릴에서 구운 빵 사이에 넣으면
모양도 독특하고 세련된 샌드위치가 탄생! 와인과 함
께 내도 좋다.

**MENU**

## 참치와 블랙올리브 샌드위치 → 136쪽

접시 〈porvasal〉
유리 종지 〈잡화점 'Madu'에서 구입〉
버터나이프 〈Jean Dubost〉
도마 〈북유럽의 빈티지〉
코코트* 〈DEAN&DELUCA〉
스푼 〈잡화점 'Madu'에서 구입〉

*cocotte. 도자기로 된 작은 내열 용기.

## 끝없는 이야기를 위한 커피

허물없는 친구와 수다를 떨다 보면

이야기가 끝도 없이 이어지기 마련이다.

그럴 때는 한 사람 앞에 하나씩 포트를 준비하자.

워머가 있으면 시간이 지나도 따뜻한 커피를 즐길 수 있다!

살랑살랑 흔들리는 작은 불꽃을 보고 있으면

어느새 마음속까지 따스해진다.

**MENU**

## 페이퍼 드립 커피 → 110쪽

커피 잔 & 받침접시 〈구스타브스베르그〉
케이크 돔 〈ASA Selection〉
포트 & 워머 〈암스테르담의 잡화점 'DILLE&KAMILLE'에서 구입〉
포크 〈가구잡화점 'AUTUS'에서 구입〉

## 두부로 만든 간식

요즘엔 마트에서도 구입할 수 있는 두부 도넛.

하지만 역시 갓 튀겨 내 따끈따끈한 도넛을

집에서 와삭 베어 물 때 가장 맛있다.

같은 두부로 만든 두부 생초콜릿도 함께 내 보자.

오늘은 건강식 두부 메뉴를 커피의 벗으로.

어렸을 때 엄마가 만들어 주었던 추억의 두부 도넛.
잘 푼 달걀(1개)에 설탕(3큰술)과 미강유(2작은술)를 넣
어 잘 섞고, 거품기로 부드럽게 으깬 연두부(100g)와
함께 다시 섞는다. 거기에 체로 친 박력분(100g)과 강
력분(50g), 베이킹파우더(2/3작은술)를 넣어 휘휘 섞
는다. 스푼 2개로 반죽을 둥글게 떠서 180℃로 끓는
기름에 넣으면 OK! 뜨거울 때 설탕을 묻힌다.

**MENU**

에스프레소 → 124쪽
두부 도넛
두부 생초콜릿 → 130쪽

트레이 매트 〈SOU・SOU〉
도마 〈잡화점 'Madu'에서 구입〉
에스프레소 잔 〈KoKo / ARABIA〉
설탕 통 〈럭키우드〉
포크 〈SORI YANAGI〉

## 딸기 샌드위치

봄이 되자 불현듯 만들고 싶어진
딸기 샌드위치.
크림은 마스카르포네에 요거트, 메이플 시럽,
레몬을 섞어 만들었더니
깔끔한 뒷맛이 마음에 든다.
샌드위치를 칼로 자를 때면
어떤 모양의 단면이 나오려나 하고
늘 기도하는 마음이 된다.

MENU
페이퍼 드립 커피 → 110쪽
딸기 샌드위치

커피 잔 & 받침접시 〈구스타브스베르그〉
나무 받침접시 〈북유럽의 빈티지〉

## 한입 브런치 메뉴

오늘은 냉장고에 있는 재료로 브런치 메뉴를 만들었다.

전부 남은 재료지만

다양한 모양의 미니 볼에 조금씩 담아 접시에 올리면

눈이 즐거워진다.

접시와 쟁반을 매번 바꾸어 가면서

예쁘게 코디하는 것도 커다란 즐거움이다.

서양배 모양의 이 나무 볼은 원래 액세서리를 담
는 용도로 팔고 있었다. 작아서 한입 크기의 과자
를 담기에 안성맞춤이다. 안정된 색감으로 커피
잔들과도 잘 어울려서 애용한다.

**MENU**

**MENU**

넬 드립으로 내린 커피 → 114쪽

노란 토마토와 모차렐라 치즈로 만든 샐러드

감자 냉수프

키위 요거트

미니 키슈*

서양배 모양의 나무 볼 〈B-COMPANY에서 구입〉

나무 접시 〈북유럽의 빈티지〉

에스프레소 잔 〈KoKo / ARABIA〉

유리 볼 〈잡화점 'Madu'에서 구입〉

스푼, 포크 〈안제 라비상트 신주쿠점에서 구입〉

*quiche. 파이에 각종 채소와 베이컨, 치즈 등을 섞은 크림달걀물을 채워 오븐에 구운 요리. 프랑스에서는 점심으로 즐겨 먹는다.

## 아스파라거스 토스트

식빵에 작은 아스파라거스와 치즈를 올리고

굽기만 하면 되는 초간단 토스트.

심플하지만 포만감이 있어 아침식사로 그만이다.

프라이팬째 테이블에 내도 근사하다.

앙증맞은 1인용 프라이팬. 오믈렛을 만들거나 소시지를 구울 때 쓰는데, 편리해서 애용한다. 갓 구운 따끈따끈한 애플파이도 프라이팬째 테이블에 낼 수 있어 좋다.

**MENU**

아스파라거스 오픈 샌드위치 → 135쪽

삶은 달걀

프라이팬 〈LODGE〉

접시 〈maison blanche classique〉

포크 〈SORY YANAGI〉

소금을 담은 나무 그릇 〈나카메구로(中目黒)의 잡화점 '하이지'에서 구입〉

스푼 〈잡화점 'Madu'에서 구입〉

# 한 접시 메뉴

어떻게 하면 접시 하나에 음식을 보기 좋게 담을 수 있을지

아이디어를 짜는 시간은 즐겁기만 하다.

어제 남은 키슈를 올린 뒤

냉장고 안 재료로 색상의 조화를 생각하면서

접시의 여백을 채워 가는 식이다.

'냉장고의 식재료'로 뭔가를 완성하는 것이 목표!

키슈는 파이 도우 대신 식빵을 방망이로 밀어 얇
게 펴서 만든다. 파이 도우 만들 때와 달리 온도에
신경 쓸 필요가 없어 간편하다. 속에 생크림 대신
두부를 넣으면 건강에도 만점! 치즈를 넣어 키슈
다운 식감을 만끽한다.

## 여름날의 아이스커피

찌는 듯이 더운 여름날에는
역시 아이스커피!
약간 진하게 내린 커피를
얼음 위에 붓는 급랭식도 좋지만
오늘은 오랜 시간을 공들여 천천히 추출하는
아이스 더치커피를 만들어 보았다.
무척 순하고 깔끔한 맛!

전날 밤 더치커피를 만들어 포트째 냉장고에 넣어 두
었다가 아침 테이블에 그대로 내놓는다. 얼음이 없어
도 시원해서 잠을 깨기에 제격이다. 쓴맛이 없고 부
드러워 하루에 몇 잔도 마실 수 있다.

MENU
## 아이스 더치커피 → 113쪽

유리병 〈KILNER〉
유리컵 〈보르미올리 로코(Bormioli Rocco)〉
밀크 피처 〈잡화점 'Madu'에서 구입〉

홈 카페 환경 만들기 3

# 손님맞이

친구가 놀러 오면 자기 집처럼 편안하게 있다 가길 바란다. 나는 단것과 커피를 좋아하지만 방문하는 이들이 다 그렇지는 않다. 그래서 마실 것은 커피와 홍차, 항상 두 종류를 준비한다.

커피를 좋아하는 친구에게는 좋아하는 원두의 종류나 커피 내리는 법, 마시는 법 등을 물어보고 나서 준비하고 마음에 드는 커피 잔을 직접 고르게 한다.

단것은 봉지에 든 작은 과자를 받침접시에 곁들여 내, 단것을 좋아하지 않는 사람이 과자에 손을 대지 않아도 미안하지 않도록 배려한다. 반면 단것을 좋아하는 친구에게는 별도의 접시에 다양한 종류를 보기 좋게 담아 놓고 선뜻 집어들 수 있도록 한다. 이런 작은 아이디어로 우리 집을 찾은 손님이 편히 머물다 가면 기분이 좋다.

## 잔과 받침

반듯하게 짝을 이룬 커피 잔과 받침도 좋지만, 그런 형식을 조금 깨
뜨리면 은근히 자유로운 느낌을 준다. 격식 차린 분위기를 없애 편
안한 자리를 즐기도록 하는 아이디어다.

## 미니케이크

손님이 편하게 집어들 수 있는 미니케이크는 작은 법랑 바트에 만든다. 허물없는 벗과 함께할 때는 바트 그대로 내기도 한다.

## 포트

방문객의 취향에 맞춰 사람마다 다른 포트를 내면 자리를 뜨지 않고 대화에 집중할 수 있다. 추운 날에는 워머를 사용해 따뜻한 차를 오래 즐긴다.

## 아이스커피 만들기

에스프레소로 만드는 카페라테는 맛이 진해서
커피가 농축된 느낌이다.
하루는 에스프레소에 흑설탕 시럽을 섞은 뒤
유리병에 담아 얼음을 넣고 우유를 조심스레 따랐더니
맛있어 보이는 마블 무늬가 생겼다.

MENU

흑설탕 시럽이 들어간 아이스 카페라테

유리병 〈모두 'WECK'〉

## 귀여운 유리병에 카페라테를

원래 사과 주스가 들어 있던 유리병.
동그스름한 모양과 무늬가 아주 깜찍해서
잘 보관하고 있었다.
오늘은 그 병을 활용해
흑설탕을 넣은 아이스 카페라테를 만들고
촉촉한 브라우니를 곁들였다.

아이스 카페라테 만드는 법은 간단하다. 큐브 모양
으로 얼린 에스프레소와 우유, 흑설탕 시럽을 함께
믹서에 돌려 플랫치노 상태로 만들면 완성! 조금 시
간이 걸리긴 하지만 커피의 쌉쌀한 맛과 우유, 흑설
탕의 단맛이 이루는 균형이 절묘하다. 꼭 시도해 보
시길!

## 흑설탕을 넣은 아이스 카페라테
## 브라우니

유리병 〈마티넬리(Martinelli's) 애플주스 296ml짜리 병〉
나무 접시 〈교토의 카페 'efish'에서 구입〉

## 비지 케이크

다 큰 어른도 매일 간식이 먹고 싶다.
하지만 칼로리가 은근히 신경 쓰인다.
이때 내가 내놓는 대표 요리는
비지를 이용한 파운드케이크.
너무 담백하지 않을까 생각했지만
보드랍고 촉촉해서 꽤 맛있다.
다이어트 중인 사람에게도 권한다.

케이크는 작게 만들기를 추천한다. 두 개를 만들어
하나는 친구를 주고 하나는 제대로 구워졌는지, 맛있
는지 확인한다. 작아서 커피에 곁들이기 딱 좋다.

페이퍼 드립 커피 → 110쪽
비지 케이크 → 129쪽

포트 〈카페 마메히코〉
사각 접시 〈maison blanche classique〉
커피 잔 & 받침접시 〈호가나스 케라믹〉
물컵 〈듀라렉스(DURALEX)〉
밀크 피처 〈잡화점 'Madu'에서 구입〉
은 포크 〈SUNAO〉
황동 포크 〈나스시오바라 시의 잡화점 'SOMA JAPON'에서 구입〉
리넨 냅킨 〈포그 리넨 워크(Fog Linen Work)〉

## 아침식사 세트 아이디어

남은 음식으로 차린 아침 세트.

우연한 계기로 우리 집의 대표 메뉴가 되었다.

만든 음식이 조금씩 남아

작은 그릇에 각각 담아서 둥근 나무 쟁반 위에 올렸더니

마치 팔레트처럼 보여 재미있다.

집에서 한몫 톡톡히 하고 있는 작은 그릇들. 본가에서 가져오기도 하고 'MOMO natural'에서 산 것도 있다. 그 밖에도 여러 군데서 모으다 보니 색상과 질감, 모양이 무척 다양하다. 이런 종지들을 오밀조밀 놓았더니 그 언밸런스한 모습이 오히려 소박한 느낌을 풍긴다.

**MENU**

에어로 프레스로 내린 드립 커피 → 120쪽
블루베리 치즈 머핀
에스프레소로 만든 카페오레 젤리
아스파라거스와 올리브를 넣은 햄샐러드
토마토 냉수프
그레이프 후르츠 요거트
달걀 반숙, 버터 토스트

도마, 유리컵, 요거트, 카페오레 젤리를 넣은 유리 그릇,
수프에 꽂은 스푼, 수프 그릇 〈모두 잡화점 'Madu'에서 구입〉
서양배 모양의 나무 볼 〈B-COMPANY에서 구입〉
디저트 스푼 〈Cutipol〉
포크 〈SORI YANAGI〉
에스프레소 잔 〈KoKo / ARABIA〉

## 친구를 위한 베이킹

오랜 친구가 이따금 집에 놀러 온다.

집안일과 육아에서 벗어나 밖으로 나가고 싶을 법도 한데,

발길을 옮기는 곳은 늘 우리 집.

친구는 "왠지 마음이 편해져"라고 말한다.

이토록 살가운 친구를 위해

오늘은 수제 케이크를 만들어 놓고 그녀를 기다린다.

자색고구마와 비지로 만든 케이크를 초콜릿 케이크에 포개 올린 케이크. 겉은 두부를 섞은 초코 크림을 둘러 바른다. 위쪽에서 판초코를 깎아 내고 가루설탕을 뿌려 장식한다. 수제 느낌이 물씬 풍기는 소박한 모양이다.

MENU
페이퍼 드립 커피 → 110쪽
초콜릿 · 자색고구마 비지 케이크

커피 서버 〈케멕스〉
커피 잔 & 받침접시 〈빈티지 / ARABIA〉
케이크 돔 〈ASA Selection〉
디저트 포크 & 나이프 〈Cutipol〉
앞접시 〈porvasal〉
리넨 매트 〈포그 리넨 워크〉

# 나무 도마가 좋다

요즘 자주 찾는 아메리칸 그릴 가게에서는

요리를 나무로 된 도마에 자연스럽게 올려 낸다.

꾸밈없는 그 느낌이 마음에 들어서

집에서 쓸 요량으로 크고 작은 다양한 도마를 사 모았다.

새것보다는 오래 써서 적당히 길든 것을 좋아해서

오늘도 바지런히 애용하고 있다.

도마는 다양한 크기로 여러 개 갖고 있으면 편리하
다. 큰 것에는 여럿이 함께 나눠 먹는 빵이나 치즈를,
작은 것에는 혼자 먹을 분량의 샌드위치나 간식을 담
는다. 테이블을 꾸밀 때 나무로 된 아이템이 있으면
단아한 분위기를 연출할 수 있다.

## 아스파라거스, 베이컨, 달걀 반숙으로 만든 오픈 샌드위치

도마 〈요요기우에하라의 잡화점 '구라시노 미세 기오'에서 구입〉
나이프 〈SUNAO〉
포크 〈Tsubame shinko〉
후추 통 & 소금 통 〈키커랜드(KIKERLAND)〉

## 이상적인 토스트

좋아하는 빵을 한 가지만 꼽으라면 단연코 식빵이다.

그중에서도 토스트.

겉은 바삭바삭 탄력이 있고 속은 보드라우며

은근히 단맛이 나는 것이 이상적이다.

어떤 칼럼에서

'두께 4cm가 가장 맛있다'라는 글을 읽었다.

꽤 두툼하지만 다음에 해봐야지.

이날 토스트에 곁들인 것은 에시레 버터*. 빵에 발라
먹는 버터는 약간 사치스러운 것을 고집한다. 식빵은
요코하마 모토마치(元町)에 있는 카페 'LENTO'에서
사 온 호밀빵. 산미가 부드럽고 폭신하게 입 안에 퍼
진다. 쫄깃한 데다 작은 크기도 맘에 든다.

*프랑스 중서부 에시레(Échiré) 마을에서 생산되는
전통 발효 버터. 크리미한 맛과 좋은 향기를 즐길 수 있다.

**MENU**

사이펀으로 내린 커피 → 118쪽

호밀빵 토스트에 버터와 잼

스테인리스 쟁반 〈북유럽의 빈티지〉
커피 잔 〈구스타브스베르그〉
접시 〈porvasal〉
버터를 담은 유리 그릇, 나무로 된 나이프 〈잡화점 'Madu'에서 구입〉
버터 나이프 〈Jean Dubost〉

홈 카페 환경 만들기 4

# 아이템

내가 가진 아이템 중에는 음식을 돋보이게 하는 흰색 아이템이 단연 많다. 흰색도 크림색을 띤 흰색부터 푸른빛이 나는 흰색까지 다양해서 싫증나지 않는다. 포인트를 주기 위해 간혹 색깔 있는 잔이나 무늬 모양을 사용하긴 하지만 대부분은 흰색이다.

사진의 케이크 스탠드는 독일 프랑크푸르트의 키친용품점에서 발견한, ASA Selection이라는 브랜드 제품이다. 자주 만드는 과자가 항상 작은 크기여서 케이크 스탠드도 작은 사이즈로 골랐다. 장식이 전혀 없는 심플한 디자인으로 질리지 않을뿐더러 다른 아이템과도 자연스럽게 조화를 이룬다.

모두 우연히 모인 것들이지만 기본 스타일링을 할 때 다른 물건과 잘 어울리고, 심플하면서도 따뜻한 느낌을 준다.

a

b

c

d

e

f

g

작은 그릇들은 종류별로
포개거나 세워서 수납한다.

a. 포르투갈의 도예가인 마르가리다 페르난데스(Margarrida Fernandes)의 에스프레소 잔(위).
   아래는 우리 집을 대표하는 잔. 〈에스프레소 잔 / KoKo / ARABIA〉.
b. 작은 과자를 놓는 접시. 무척 아끼는 그릇이다(위). 〈에스프레소 받침접시 / oiva / 화이트 / 마리메코〉.
   교토의 카페 'efish'에서 구입(아래).
c. 나스코겐(那須高原)의 고도구점에서 만난 일본제 빈티지 포트.
d. 스테인리스, 황동, 흰색 등 각양각색의 커틀러리. 북유럽 빈티지 제품(왼쪽).
   나스시오바라의 잡화점 'SOMA JAPON'에서 구입(가운데). 잡화점 '안제 라비상트' 신주쿠점에서 구입(오른쪽).
e. 도마와 트레이가 있으면 스타일링이 쉽다. 요요기우에하라의 잡화점 '구라시노 미세 기오'에서 구입(위).
   메구로 거리의 가구점 '리바이스'에서 구입(왼쪽). 잡화점 'Madu'에서 구입(오른쪽).
f. 타원형 접시는 여러 종류의 반찬을 낼 때 편하다. 모두 일본의 키친 잡화점에서 구입.
g. 깜찍한 병은 카페오레용 유리잔 대신으로도 좋다. 병과 나무 뚜껑(위) 〈모두 'WECK'〉.
   마티넬리 애플주스 296ml 빈병(아래).

# 카페노마의 커피 가이드

커피를 너무 좋아해서 매일 다양한 원두커피를 여러 가지 방법으로 마시고 있다. 어디까지나 '커피를 좋아하는 사람'일 뿐이지만, 카페노마가 찾아낸 커피에 관한 작은 힌트들을 정리해 보았다.

 # 맛있는 원두 선별법 ||||||||||||||||||||||||||||||||||||||||||||||||||||||||||||||||||||||

## 맛있는 원두란?

"아, 맛있다!" 하고 감탄이 절로 나오는 커피야말로 흔히 말하는 '맛있는 원두'가 아닐까. 달리 표현하자면 '깔끔한 맛에 적당한 산미가 있어 매일 몇 잔이라도 마실 수 있는 커피'다. 우리는 전문가가 아니라 그 맛이 원두가 본래 지닌 맛의 특징인지, 원두를 잘 볶았기 때문인지 잘 알지 못한다. 그러나 매일 다양한 원두를, 좋아하는 추출 기구로 내려 마시면서 원두에도 여러 가지 표정이 있다는 사실을 조금씩 깨달았다. 자연스럽게 원두커피를 맛있게 마시기 위한 조건도 알게 되었다. 맛있는 커피를 위해 유념할 내용을 소개한다.

### 1) 원두 상태로 구입한다

원두커피는 갈아서 공기와 접촉하면 시간이 지나면서 본연의 풍미를 잃는다. 따라서 가게에서 원두를 살 때는 알갱이 상태로 구입해 마시기 직전에 마실 양만큼만 갈아 먹는 것이 좋다.

### 2) 작은 단위로 구입한다

100~200g 정도의 적은 분량으로 구입해 신선할 때 다 마시도록 한다. 우리는 최소 단위의 패키지를 여러 개 구입하고, 개봉 후에는 입구를 밀봉해 보관한다. 한 번 개봉한 원두는 며칠 이내에 다 소진한다.

### 3) 생산지와 생산 방법을 알아 둘 것

커피는 원두의 산지나 기상 조건, 수확 방법, 품질 관리 등 생산 현지의 상황에 따라서 맛이 달라진다. 따라서 커피가 만들어지는 모든 과정을 확인할 수 있는(=트레이서빌리티(traceability)) 원두를 전문점에서 구입한다. 이들 커피 원두를 스페셜티 커피라고 부르기도 한다(106쪽 참조).

### 4) 싱글오리진과 블렌딩

드립해서 마실 경우, 원두의 풍미를 직접 즐기고 싶고 하루에 몇 번씩 마시기 때문에 블렌딩하지 않은 시나몬 로스팅(Cinnamon Roasting, 커피콩을 연하게 볶는 정도)~시티 로스팅(City Roasting, 중간으로 볶는 정도)의 싱글오리진 원두를 마신다. 라테로 마시는 경우는 우유 맛에 희석되지 않은 제대로 된 맛과 진한 향을 즐기고 싶어 시티 로스팅~프렌치 로스팅(French Roasting, 커피콩을 진하게 볶는 정도)의 블렌딩 원두를 선택한다.

# 원두 전문점 추천

카페노마가 원두를 주로 구입하는 가게는 도쿄 도내 근교에서 입수 가능한, 트레이서빌리티를 명확히 하는 커피 전문점이다. 그중에서도 추천하는 다섯 군데를 소개한다.

### 마루야마(丸山) 커피

나가노 현 가루이자와(軽井沢)에서 24년 동안 운영해 온, 유명한 커피 전문점. 원두 자체가 지닌 맛을 살리는 독자적인 로스팅 기술로 정평이 나 있다.

### 호리구치(堀口) 커피

도쿄 도내에 여러 개의 점포를 운영하며, 커피의 기본부터 전문 지식까지 가르치는 세미나도 자주 여는 커피 전문점. 늘 성실하고 뛰어난 생산자를 찾아내고 원두커피의 매력을 이끌어 내는 데 힘을 쏟고 있다.

### 27 커피 로스터스(COFFEE ROASTERS)

생산자와 연계를 중요하게 여기며 현지의 생산자와 커피를 즐기는 소비자를 이어 주는 파트너 숍이라는 이념을 갖춘, 가나가와(神奈川) 현 후지사와(藤沢) 시에 있는 커피 전문점.

### 옵스쿠라 커피 로스터스(OBSCURA COFFEE ROASTERS)

도쿄에 네 개 점포(한 군데는 로스팅만), 히로시마에 한 개 점포를 갖고 있는, 최고의 원두커피만 사용하는 커피 전문점. 원두의 특징과 가치를 중요하게 여기며 각 원두마다 잘 맞는 로스팅으로 최고의 맛을 추구한다.

### 노지 커피(NOZY COFFEE)

도쿄 세타가야에 있는, 싱글오리진 커피만을 제공하는 흔치 않은 커피 전문점. 원두커피 자체가 지닌 매력을 이끌어 내는 로스팅으로 커피를 제공한다.

### 가스 빼기 밸브

공기와 접촉하면 신선도가 떨어지는 원두커피. 가스를 빼는 밸브가 부착된 포장은 개봉 후에도 밀봉해서 보관할 수 있어 좋다.

### 스페셜티 커피란?

생두에서 한 잔의 커피가 나오기까지 모든 공정에서 적정한 품질 관리가 된 후에 제공되는, 근사한 풍미와 특성이 살아 있는 커피를 말한다.('일반사단법인 일본스페셜티커피협회'의 정의)

## 마시는 방법에 따른 원두 추천

| 마시는 방법 | 드립(핫 커피) | 드립(아이스) | 에스프레소 | 카페라테 |
|---|---|---|---|---|
| 로스팅 단계 | 시티 로스팅 | 시티 로스팅 | 프렌치 로스팅 | 프렌치 로스팅 |
| 그라인딩 단계 | 중간 굵기(Medium) | 중간 굵기 | 미분(Extra Fine) | 미분 |
| 맛의 특징 | 적당한 산미와 뒷맛의 여운을 즐긴다. | 시원한 청량감을 즐긴다. | 눈이 번쩍 뜨일 정도로 진한 맛을 즐긴다. 한입에 쏙 들어가는 초콜릿과 함께! | 부드럽고 단맛이 나는 우유와 에스프레소의 조화를 즐긴다. |

**굵게(Coarse)**

프렌치 프레스(116쪽)에 적합한 입자 크기로, 산뜻한 맛이 난다. 취향에 따라 페이퍼 드립(110쪽)이나 넬 드립(114쪽)으로 마실 때도 좋다.

**중간 굵기(Medium)**

페이퍼 드립(110쪽)이나 넬 드립(114쪽), 사이펀(118쪽), 에어로 프레스(112쪽)에 적합한 크기로, 대부분의 커피 기구에 알맞다.

**미분(Extra Fine)**

거의 가루 상태로 에스프레소 머신(124쪽)에서 사용하지만 전용 그라인더가 필요하다. 모카포트(122쪽)로는 미분 그라인딩보다 조금 더 굵은 입자인 '가늘게(Fine)' 단계로 그라인딩하는 것이 좋다.

 # 우유와 설탕

**우유**

카페라테나 카푸치노에 넣을 우유는 지방분이 많아야 거품이 잘 생기므로 지방분 3.6~3.8% 정도의 우유를 사용한다.

**설탕**

주로 블랙커피를 즐기지만 산미가 특징인 커피의 경우, 우선 절반을 블랙으로 마시고 나서 나머지 절반에는 커피크림을 넣어 한입, 그리고 마지막으로 싸라기설탕을 넣어 마시는 방법도 좋다.

## 페이퍼 드립 도구

처음 도전할 도구는 페이퍼 드립. 필요한 도구를 갖추기도 쉬운 데다 뜨거운 물을 붓는 방법만으로도 맛이 달라져 커피 맛을 다양하게 즐길 수 있다.

### 드리퍼 & 필터

커피의 맛을 좌우하는 드리퍼와 필터.
대표적인 두 종류를 소개한다.

위에서 본 모양

**원뿔형**

구멍 한 개의 원뿔형 드리퍼로, 물이 천천히 떨어지므로 순한 맛이 된다. 원래는 전문가용으로 개발되었으나 지금은 대표적인 드리퍼로 자리잡았다. 코노(KONO)식 명문 필터, 클리어 〈커피 사이펀〉

**사다리꼴형**

드리퍼 바닥이 평평해서 세 개의 구멍이 같은 간격으로 나 있는 사다리꼴형 드리퍼. 사진은 그중에서도 새로운 발상의 웨이브 타입 원통형으로, 측면에 물결무늬 주름이 있는 전용 페이퍼를 사용한다. 웨이브 드리퍼155 〈칼리타〉

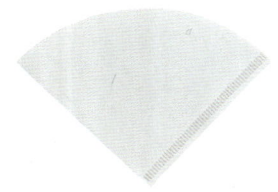

원뿔형 드리퍼 전용 페이퍼 필터. 페이퍼에는 여분의 유분을 흡수하는 기능이 있어서 깔끔한 맛의 커피를 추출할 수 있다. 드리퍼와 서버의 크기에 맞춰 다양한 크기가 있다.

사다리꼴형 웨이브 타입 전용 페이퍼 필터는 측면에 물결무늬로 주름이 잡혀 있다. 이 주름 덕분에 커피 가루에 얼룩 없이 물을 부을 수 있다. 변함없이 늘 같은 맛을 낼 수 있다.

## 커피밀

커피밀은 동력원에 따라 크게 두 종류로 나뉜다. 원두를 갈 때 굵기 조정을 미세하게 할 수 있다.

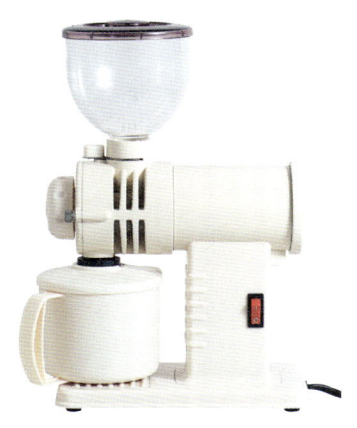

### 수동 밀

핸들을 빙빙 돌리기만 하면 되는 매우 간단한 구조의 커피밀이다. 공간도 차지하지 않고 가격도 적당하다. 가는(Fine) 그라인딩부터 굵은(Coarse) 그라인딩까지 원두 가루의 굵기를 조정할 수 있지만 에스프레소 머신에서 사용하는 미분(Extra Fine) 그라인딩은 불가능하다. 미니밀 〈칼리타〉

### 전동 밀

가루 입자가 균일하게 갈리는 점이 뛰어나며 커피 전문점이나 카페에서 쓰는 것과 기능이 거의 같다. 가정용으로는 고품질을 자랑하는 밀이다. 미루코 커피밀 R220/후지로알 호리구치 커피 오리지널 컬러 〈호리구치 커피〉

## 드립 포트

커피 가루에 뜨거운 물을 부을 때는 물의 양을 조절하기 쉽게 주둥이가 가는 포트가 절대적으로 필요하다. 사진의 포트는 파이프 직경이 10mm다.

## 서버

손잡이 색상이 다양한 플라스틱제부터 벗나무로 만든 목제까지, 여러 종류 중에서 고른 귀여운 디자인의 서버. 드리퍼와 세트로 판매한다.

다카히로 드립 포트/디몬슈 오리지널 컬러 0.9L 〈카페 비브몬 디몬슈〉 *이 제품은 단종됐으며 현재는 직경 7mm인 포트를 판매 중이다.

코노식 명문 드리퍼 세트·윈드핸드밀 〈커피 사이펀〉

# 페이퍼 드립 |||||||||||||||||||||||||||||||||||||||||||||||||||||

가정에서도 가볍게 즐길 수 있고 다루기도 비교적 쉬운 것이 페이퍼
드립이다. 뜨거운 물을 부으면 페이퍼가 적당히 유분을 빨아들이므로
잡미가 적어져 깔끔한 맛이 난다. 물을 붓는 속도나 양을 정확히 구사
하기 어렵지만 자신이 좋아하는 방법을 찾아내 커피를 내리는 즐거움
을 맛볼 수 있다.

| 원두 종류 | 로스팅 정도 | 그라인딩 방법 | 원두의 양 |
|---|---|---|---|
| 적당한 산미,<br>과일향 원두 | 기호에 맞추면 되지만<br>시티 로스팅을 추천 | 중간 굵기<br>(Medium) | 20g |

구멍이 한 개인 원뿔형 드리퍼(위) 〈코노식
명문 필터·클리어 / 카페 사이펀〉. 구멍 세 개
가 같은 간격으로 나 있는 사다리꼴형 드
리퍼의 웨이브 타입(아래) 〈웨이브 드리퍼 /
칼리타〉

1

원두를 간다(20g/두 잔 분량).

2

드리퍼에 페이퍼 필터를 끼우고 서버에 장
착한 후 뜨거운 물 적당량을 부어 드리퍼와
서버를 따뜻하게 데운다. *사다리꼴형 웨이브
타입 드리퍼를 사용하는 경우는 페이퍼 필터의
주름이 찌그러지므로 페이퍼를 넣지 않은 상태에
서 뜨거운 물을 부어 데운다.

3

서버의 물을 버리고 드리퍼에 원
두 가루를 넣는다. *사다리꼴형 웨이
브 타입 드리퍼를 사용하는 경우 이때
드리퍼에 페이퍼 필터를 끼우고 원두 가
루를 넣는다.

4

물이 균일하게 퍼지도록 드리퍼
측면을 가볍게 두드려 원두 가루
의 표면을 평평하게 한다.

원두 가루 전체에 골고루 물을 붓되, 물이 똑똑 떨어질 정도의 속도로 천천히 소량을 붓는다.
*드리퍼에서 바로 추출액이 떨어지지 않을 정도의 물을 부을 것.

**5**

**6** 원두 가루가 햄버그 모양으로 부풀어 오르면 그대로 30초 정도 뜸 들인다.

**실패한 예**
처음부터 성급하게 물을 부으면 깊은 맛이 충분히 배어나지 않은 상태로 커피가 완성된다. 원두 가루가 몽실몽실 부풀어 오르지 않으면 실패했다는 증거다. *사용하는 원두 자체에 가스가 함유되어 있지 않거나, 그라인딩하고 나서 꽤 시간이 지난 원두는 충분히 뜸을 들여도 몽실한 햄버그 상태로 부풀어 오르지 않는 경우가 있다.

**7** 물이 똑똑 떨어질 정도로 원두 가루에 골고루 물을 붓는다.

**8** 완성될 커피 양의 절반이 될 때까지 물을 천천히 붓는다. *약 절반의 물을 부은 시점에 커피 성분은 대부분 추출된다.

**9** 절반 분량이 넘으면 남은 물은 약간 속도를 내어 붓는다. *커피 성분 대부분이 빠져나온 상태이므로 물 붓는 속도를 올려도 맛은 거의 변하지 않는다.

**10** 완성량이 다 차면 물 붓기를 멈추고 바로 서버에서 드리퍼를 들어 올리고 잔에 따른다. *마지막에 커피의 아린 맛이 나오므로 드리퍼에 물이 남아 있더라도 드리퍼를 들어낸다.

## 카페오레 만드는 법

페이퍼 드립으로 맛있는 커피를 추출할 수 있게 되면 이번에는 어레인지 커피*에 도전해 보는 것도 즐거운 일이다. 따뜻하게 데운 우유를 넣으면 카페오레가 만들어진다.

1 뜨거운 물 적당량을 부어 잔을 데운다.

2 작은 냄비에 우유를 넣고 70℃까지 데운다. *팔팔 끓지 않도록 주의한다.

3 데워진 커피 잔의 물을 버리고 핸드 드리퍼로 추출한 커피와 우유를 잔에 붓는다.

*arrange coffee. 에스프레소에 아이스크림, 생크림, 우유, 초콜릿 시럽, 견과류 등을 첨가한 커피. 베리에이션 커피라고도 한다.

## 아이스커피 만드는 법

더운 여름날, 시원한 청량감을 즐기고 싶을 때는 역시 아이스커피가 최고!
만드는 방법은 기본적으로 핸드 드립과 같지만 얼음이 녹는 양을 고려해야 한다.

1 서버에 얼음(80g)을 넣는다.

2 핸드 드립과 같이 원두 가루(24g/두 잔 분량)를 드리퍼에 넣고 뜨거운 물(250ml)을 붓는다.

3 핸드 드립과 같은 방법으로 커피를 추출하여(111쪽 5~10 참조), 얼음을 넣은 유리컵에 붓는다.

## 아이스 더치커피 만드는 법

찬물 또는 상온의 물로 천천히 시간을 들여 커피의 깊은 맛을 추출, 부드러운 풍미의 아이스커피를 만든다. 맛이 순해서 여름이면 즐겨 마신다.

1

더치커피용 팩에 원두 가루(50g/500ml 분량)를 넣고 입구를 봉한다. *녹차용 팩으로도 할 수 있는데 사이즈가 작은 경우가 많으니 봉지 두 개를 사용해도 좋다.

2

적당한 병에 1과 물(500ml)을 넣고 그대로 냉장고에 보관한다. 사진은 30분 경과한 후의 모습이다.

3

6~7시간이 지나 사진처럼 색이 짙어지면 커피 맛이 제대로 우러났다는 신호다. 커피 팩을 꺼내고 보관한다.

# 넬 드립 |||||||||||||||||||||||||||||||||||||||||||||||||||||||

추출 원리는 핸드 드립과 같지만 종이가 아니라 플란넬을 필터로 사용함으로써 원두가 지닌 적당한 유분까지 추출할 수 있다. 원두 본연의 산미나 떫은맛, 쌉싸름한 맛, 진한 맛을 그대로 품은 특유의 깊은 맛이 난다. 다만 플란넬 천을 관리하기가 다소 번거롭다.

| 원두 종류 | 로스팅 정도 | 그라인딩 방법 | 원두의 양 |
|---|---|---|---|
| 적당한 산미,<br>과일향 원두 | 기호에 맞추면 되지만<br>시티 로스팅을 추천 | 중간 굵기<br>(Medium) | 20g |

넬 드립 전용으로 드리퍼와 서버 일체형 타입이다. 장인의 손길로 만든 수제 유리 제품이라는 점도 매력적이다. 미노와니초메 넬 드리퍼. 손잡이 부착형 〈고이즈미 유리제작소〉*손잡이가 있는 이 제품은 단종됐고, 현재는 손잡이가 없는 상품을 판매 중이다.

**플란넬 보관 방법**
오래 사용하다 보면 원두의 유분이 스며들어 천의 틈이 막힌다. 이러면 잡미를 걸러 내지 못하는데, 이때 천을 세제로 빠는 것은 좋지 않다. 사용 후에 물로 가볍게 빨아 용기에 넣고 깨끗한 물을 부어 물에 잠긴 상태에서 보관한다 (물은 하루에 한 번 갈아 청결한 상태를 유지한다). 물기를 짜내고 사용한다.

**1** 원두를 간다(20g/두 잔 분량). 뜨거운 물을 적당히 부어 드리퍼와 서버를 따뜻하게 데운다.

**2** 서버의 물을 버리고 천을 보풀 있는 면이 안쪽으로 오도록 드리퍼에 장착한다.

**3** 드리퍼에 1의 원두 가루를 넣는다. 뜨거운 물이 골고루 퍼지도록 드리퍼의 측면을 가볍게 두드려 가루의 표면을 평평하게 한다.

페이퍼 드립과 같은 방법으로 원두 가루에 똑똑 물이 떨어질 정도의 속도로 천천히 소량의 뜨거운 물을 붓는다. 가루가 햄버그 모양으로 부풀어 오르면 30초 정도 그대로 뜸을 들인다.

원두 가루에 골고루, 똑똑 떨어질 정도로 천천히 물을 붓는다.

완성될 커피 양의 절반이 될 때까지 물을 천천히 붓는다.

절반 분량이 넘으면 남은 물은 약간 속도를 내어 붓는다.

완성량이 다 차면 물 붓기를 멈추고 바로 서버에서 드리퍼를 들어 올려 잔에 따른다. *사진은 서버와 드리퍼가 일체형이기 때문에 넬 천을 벗겨 내고 따른다.

# 프렌치 프레스 ||||||||||||||||||||||||||||||||||||||||

원래는 프랑스에서 커피 추출 도구로 개발된 프렌치 프레스. 금속 필터를 사용하기 때문에 유분이 깔끔히 추출되어 원두의 개성과 특징이 그대로 살아 있다. 원두의 질이 직접 맛으로 배어 나오지만, 이는 단점도 함께 나온다는 뜻이기도 하다. 마음에 드는 맛있는 원두로 꼭 시도해 보길 바란다.

| 원두 종류 | 로스팅 정도 | 그라인딩 방법 | 원두의 양 |
| --- | --- | --- | --- |
| 싱글오리진의 고품질 원두 | 시티 로스팅 | 굵게(Coarse) | 20g |

받침이 필요 없는 다리 부착형 프렌치 프레스. 〈CHAMBORD 프렌치 프레스 커피메이커 / 보덤 재팬(Bodum Japan)〉

### 굵게(Coarse) 그라인딩
사진 정도가 굵게 그라인딩한 상태다. 프렌치 프레스의 필터는 결이 성기기 때문에 중간 굵기의 원두 가루를 사용하면 추출액에 미세한 가루가 많이 혼입되어 커피를 마실 때 까칠함을 느끼게 된다. 브랜드에 따라 필터의 결이 다르므로 반드시 필터를 보고 확인해야 한다.

1

플런저를 포트에서 꺼내 금속 필터를 확인하고 이 구멍을 통과하지 못할 정도로 원두를 굵게 그라인딩한다(약 20g/두 잔 분량). *플런저의 막대 부분을 들어 올린다.

2

포트에 1에서 그라인딩한 원두 가루를 넣는다. 뜨거운 물이 균일하게 퍼지도록 포트를 가볍게 흔들어 가루 표면을 평평하게 한다.

3 타이머를 4분에 맞춘다.

4 타이머 작동을 시작하고, 커피 가루 전체에 골고루 섞이도록 30초에 걸쳐 포트의 절반쯤 찰 때까지 뜨거운 물(150ml)을 붓는다. *충분히 뜸을 들이면서 물을 붓는 것이 요령이다.

5 완성량까지 천천히 물(150ml)을 붓고 플런저를 장착한다. *여기까지 1분 정도 걸리는 것이 바람직하다.

6 타이머가 4분을 경과하면 플런저를 천천히 누른다.

7 너무 오래 뜸 들지 않도록, 시간을 끌지 않고 바로 커피 잔에 따른다. *혼자 두 잔을 마실 경우, 가루에 잠긴 상태에서 시간이 한참 지나게 되므로 첫 번째 잔과 두 번째 잔의 커피 맛이 달라진다.

## 사이펀 |||||||||||||||||||||||||||||||||||||||||||||||||||||||||||||||||||||||||

플라스크 내 기체의 증기압 차이를 이용해서 커피를 만드는 사이펀. 잡미가 없이 산뜻하고 깔끔한 맛이 특징이다. 무엇보다도 커피를 내리는 과정의 다이내믹한 시각적 연출 효과가 커서 느긋하게 즐기고 싶은 휴일에 애용한다. 다만 고온에서 원두가 가열되므로 쓴맛이 나기 쉬운 경향이 있다.

| 원두 종류 | 로스팅 정도 | 그라인딩 방법 | 원두의 양 |
|---|---|---|---|
| 적당한 산미, 과일향 원두 | 시티 로스팅 | 중간 굵기 (Medium) | 20g |

전문가들도 애용한다는 하리오 사이펀은 필터에 넬을 사용한다. 〈테크니카 / 하리오〉

필요한 도구를 확인한다.

*다른 추출 방법에 비해 필요한 도구가 많기 때문에 사이펀(플라스크, 로트, 여과기, 넬, 뚜껑), 알코올램프, 성냥, 대나무 주걱이 전부 갖추어졌는지 확인한 후에 시작하는 것이 좋다. 브랜드에 따라 대나무 주걱을 사이펀 본체와 별도로 판매하는 경우가 있다.

1

2

원두를 간다(20g/두 잔 분량). 여과기에 넬을 끼우고 로트 밑부분에 장착한 후 용수철을 잡아당겨 관의 테두리에 고리를 걸어서 늘어뜨린다.

3

플라스크에 뜨거운 물(240ml)을 붓는다.

4

플라스크에 로트를 비스듬히 꽂는다. *로트에 걸려 있는 볼 체인을 물에 잠기게 하면 가열 시 끓어오르며 튀는 것을 방지할 수 있다.

알코올램프에 불을 붙이고 플라스크를 가열한다. 끓으면 로트를 똑바로 꽂아 2의 커피 가루를 넣고 로트를 가볍게 흔들어 가루의 표면을 평평하게 만든다.

뜨거운 물이 플라스크에서 로트로 올라오면 주걱으로 가볍게 저어 물과 커피 가루를 잘 섞는다. 플라스크의 물이 얼마 남지 않으면 알코올램프를 빼내고 불을 끈다.

로트에서 플라스크에 추출액이 떨어지기 시작하면 그대로 기다린다.

추출액이 모두 플라스크에 떨어지면 로트를 빼낸다.

커피 잔에 따른다.

# 에어로 프레스 ::::::::::::::::::::::::::::::::::::

주사기처럼 독특한 모양을 한 에어로 프레스는 공기의 압력을 이용한 커피 추출 기구다. 다루기도 간편해서 누구나 안정된 맛을 내기 쉽다는 장점이 있다. 원두의 양과 그라인딩 방법, 물의 양에 따라 연한 맛부터 진한 맛까지 다양한 맛을 자유자재로 만들 수 있는 점이 매력이다.

| 원두 종류 | 로스팅 정도 | 그라인딩 방법 | 원두의 양 |
|---|---|---|---|
| 진한 맛 원두 | 시티 로스팅 | 중간 굵기 (Medium) | 20g |

커피 추출 도구로서는 새로운 제품인 에어로 프레스. 〈에어로 프레스 커피메이커/에어로비〉

필요한 도구를 확인한다.
*에어로 프레스에는 서버가 포함되어 있지 않으므로 자신이 갖고 있는 것을 사용한다(사진은 밀크 피처인데 혼자 마실 때는 커피 잔에 그대로 받아도 된다).

원두를 간다(20g/두 잔 분량). 용기 (챔버) 바닥의 뚜껑을 빼낸다.

뚜껑에 페이퍼 필터를 장착하고 다시 용기에 끼운다.

**4** 용기에 2의 가루를 넣는다. 뜨거운 물이 균일하게 퍼지도록 용기의 측면을 가볍게 두드려 가루의 표면을 평평하게 한다.

**5** 용기를 서버 위에 올리고 뜨거운 물(250ml)을 부은 후, 주걱으로 저어 물과 커피 가루를 잘 섞는다.

**6** 플런저를 용기에 장착하고 20~30초간 뜸을 들인다. 플런저의 밑바닥은 고무로 되어 있기 때문에 공기가 드나들지 않도록 유지하면서 충분히 뜸 들일 수 있다.

**7** 플런저를 천천히 20~30초 동안 살며시 내리누른다.

**8**

플런저가 바닥에 닿으면 서버에서 용기를 떼어 내고 커피 잔에 따른다. 용기 바닥의 뚜껑을 빼내고 페이퍼 필터와 함께 커피 가루를 버린다.

# 모카포트 ||||||||||||||||||||||||||||||||||||||||||||

끓는 물의 증기압을 이용하여 에스프레소에 가까운 커피를 추출할 수 있는 이탈리아 직화식 커피 메이커. 간편하지만 불을 끄는 적절한 타이밍 등 요령이 필요하다. 드립으로는 맛볼 수 없는 특유의 깊고 진한 맛을 이용하여 스트레이트는 물론 카페라테나 아포가토 등 다양한 맛을 즐길 수 있다.

| 원두 종류 | 로스팅 정도 | 그라인딩 방법 | 원두의 양 |
|---|---|---|---|
| 에스프레소용 블렌딩 원두 | 프렌치 로스팅 | 가늘게(Fine) | 20g |

전통을 자랑하는 이탈리아 모카포트는 수염을 기른 아저씨가 트레이드마크다.
〈모카 익스프레스 / 비알레티〉

**1** 원두를 간다(20g/에스프레소 석 잔 분량). 모카포트를 돌려 위아래로 나누고 아래 포트에 물(140ml)을 붓는다.

**2** 금속 필터(바스켓)에 1의 원두커피 가루를 넣고 스푼 바닥을 이용하여 가볍게 두드려 다진다.

**3** 바스켓을 아래 포트에 장착하고 위 포트를 끼운 뒤 돌려서 맞춘다. *꽉 잠가 위아래 포트가 단단히 맞물렸는지 확인한다.

**4** 뚜껑을 열고 불에 올려놓은 뒤 모카포트 바닥보다 크지 않은 정도의 화력으로 가열한다. *끓어 넘칠 우려가 있으므로 요령을 파악할 때까지는 뚜껑을 열어 두는 것이 좋다. 가스레인지의 삼발이 받침대가 커서 모카포트가 고정되지 않을 때는 쇠줄이나 망을 깔고 직화한다.

물이 끓어 보글보글 커피가 추출되기 시작하면 불을 끈다. 커피가 전량 추출되면 오래 뜸 들이지 말고 바로 커피 잔에 따른다.

## 카페라테 만드는 법

모카포트로 만든 커피를 그대로 스트레이트로 맛보는 것도 좋지만 우유를 넣어 카페라테로 만들어도 맛있다. 부드럽고 달콤한 우유와 깊고 진한 커피의 조화를 즐길 수 있다.

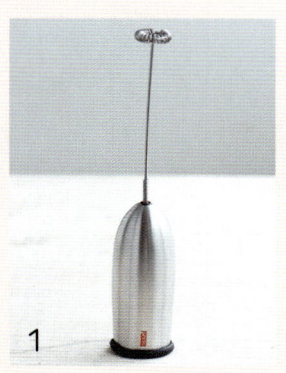

거품유유를 만드는 전동거품기를 준비한다. 뜨거운 물 적당량을 잔에 부어 따뜻하게 데운다. *커피 잔은 가급적 큰 것이 좋다.

작은 냄비에 우유를 넣고 70°C 정도로 데운다. 피처로 옮겨 붓고 전동거품기로 20~30초간 거품을 내 거품우유를 만든다. *우유가 끓지 않도록 주의한다.

모카포트 또는 에스프레소 머신(124쪽)으로 추출한 커피를 잔에 따르고 2의 거품우유를 붓는다. *개인의 취향에 따라 다르겠지만, 커피:우유의 분량은 1:2 정도가 적당하다.

마지막으로 잔뜩 거품을 낸 우유를 표면에 올리듯이 부으면 완성.

# 에스프레소 머신 ||||||||||||||||||||||||||||||

고압에서 순간적으로 진한 커피(에스프레소)를 추출하는 기구로, 잡미가 적고 진한 맛, 쓴맛, 산미와 단맛의 밸런스가 절묘하다. 맛을 순하게 하는 농후한 크림(거품층)을 맛볼 수 있는 것은 이 기구만의 특색이다. 가격이 비싸고 손보기가 다소 번거롭지만 카푸치노 등 본격적인 어레인지 커피를 즐길 수 있다.

| 원두 종류 | 로스팅 정도 | 그라인딩 방법 | 원두의 양 |
|---|---|---|---|
| 에스프레소용 블렌딩 원두 | 프렌치 로스팅 | 미분 (Extra Fine) | 20g |

보기에도 예쁘고 멋있는, 스페인산 에스프레소 머신. 거품우유도 간단히 만들 수 있다. 〈에스프레소 머신 'Dream UP'/ 아스카소 (ascaso)〉

탱크에 물 적당량을 넣고 장착한다. *브랜드에 따라 순서가 다를 수 있으므로 사용설명서를 참조할 것.

가운데 스위치를 누르고 보일러를 준비한다. *보일러가 준비될 때까지 조금 시간이 걸리기 때문에 그 사이에 원두를 준비한다.

원두(20g/에스프레소 두 잔 분량)를 에스프레소 전용 그라인더로 갈아 필터를 장착한 홀더에 가루를 넣는다. *이때는 아스카소의 커피 그라인더를 사용했다.

커피밀(수동, 전동 모두)로는 불가능하니 반드시 에스프레소 전용 그라인더를 사용해 원두를 아주 곱게 갈아야 한다.

홀더에 넣은 원두 가루를 댐퍼(damper)로 눌러 다진다.

오른쪽 스위치에 불이 들어오면 보일러 준비가 완료되었다는 신호. 오른쪽 스위치를 아래로 내리고 가볍게 물을 빼낸다. 오른쪽 스위치를 원래 상태로 되돌린다.

에스프레소 머신에 홀더를 장착하고 피처를 놓는다. *피처는 머신에 부속되어 있지 않으므로 갖고 있는 것을 사용한다(여기서는 에스프레소용 쇼트피처를 사용했다. 혼자 마실 때는 잔에 직접 받아도 된다).

오른쪽 스위치를 눌러 피처에 에스프레소를 추출한다. 눈금까지 추출하면(대략 20초) 스위치를 되돌려 놓고 커피 잔에 따른다. *표면의 크림은 에스프레소 머신으로밖에 만들 수 없다. 이대로 마셔도 맛있고 카페라테(123쪽)로 만들어 마셔도 좋다.

## 에스프레소 어레인지

깊은 맛과 쓴맛이 있는 에스프레소에 설탕이나 우유 등을 넣으면 전혀 다른 맛을 즐길 수 있다.
홈 카페에서 주로 만드는 어레인지 레시피 네 가지를 소개한다.

*에스프레소 만드는 법은 124~125쪽을 참조할 것. 어느 것이나 모카포트(122쪽)로 만든 진한 커피로 대체 가능하다.

### 디자인 카푸치노 만드는 법

1. 에스프레소를 커피 잔에 약 30ml 따른다.
2. 우유 90ml로 거품우유(123쪽)를 만든다.
3. 1에 2를 가만히 붓고 마지막에 거품을 표면에 올린다.
4. 초콜릿 소스로 줄무늬를 그린 뒤, 그 줄무늬와 직각으로 교차
   하도록 꼬챙이를 넣어 모양을 그린다.

### 베일리스 커피 만드는 법

1. 에스프레소를 커피 잔에 약 30ml 따른다.
2. 커피와 같은 분량의 거품우유(123쪽)를 만든다.
3. 1에 베일리스 오리지널 아이리시 크림(1큰술)과 싸라기설탕(1
   큰술)을 넣고 잘 섞는다(분량은 취향에 따라 조절). 2를 살며시 붓
   고 마지막에 거품을 표면에 올린다.
   하트 모양 등으로 구멍 낸 종이를 만들어 잔 위에
   올리고 코코아파우더를 뿌린다.

〈베일리스 오리지널 아이리시
크림〉 아일랜드산 바닐라 향이 감
도는, 단맛이 나는 크림 리큐어. 술
집 등에서 판매한다.

## 팥 아포가토 만드는 법

1. 에스프레소 잔에 적당량의 바닐라 아이스크림을 반구형 디셔 (disher)로 동그스름하게 떠 담고 삶은 팥(통조림. 설탕 첨가/2큰 술)을 넣는다.
2. 위에서 에스프레소를 부어 스푼으로 잘 섞으면서 먹는다.
   *시판되는 쿠키를 함께 올리면 더욱 맛있다.

## 얼음 커피 만드는 법

1. 에스프레소를 제빙기에 넣어 큐브 모양으로 얼린다.
2. 1을 유리컵에 넣고 차가운 우유를 부어 녹이면서 마신다.
   *취향에 따라 커피시럽(24쪽)을 첨가해도 맛있다.

# 몸에 좋은 두부 간식

홈 카페에 빼놓을 수 없는 단것들.
칼로리를 고려해 두부와 비지로 몸에 좋은 간식을 만들었다.

## 비지 케이크

**만드는 법(12×6.5×높이 5cm의 파운드 틀 2개분 남짓)**

1. 좋아하는 건과일(80g)을 럼주(2큰술)에 담근다.

2. 박력분(70g), 아몬드 분말(20g), 베이킹파우더(2/3작은술)를 섞어서 흔든다.

3. 볼에 달걀(2개)을 푼 뒤 흑설탕(70g)을 넣어 잘 섞는다. 우유(60ml)와 미강유(40ml)를 차례로 넣고 그때마다 잘 섞은 후 생비지(100g)도 함께 섞는다. 여기에 2를 넣어 골고루 섞고 럼주에 담가 두었던 건과일을 잘라 넣어 다시 한 번 섞은 후 틀에 넣어 170℃ 오븐에서 35~40분 동안 굽는다.

## 바나나 두부 스콘

**만드는 법(6~8개 분량)**

1. 연두부(60g)를 거품기로 부드럽게 될 때까지 풀고 바나나(80g/중간 크기 1개)를 포크로 으깬다.

2. 볼에 박력분(230g)과 베이킹파우더(2작은술)를 섞고 크림치즈(70g/키리(kiri) 조각)를 넣는다. 손으로 으깨면서 가루와 잘 섞어 쌀알 모양이 되게 한다.

3. 2에 소금(1/2작은술)과 1, 그리고 메이플 시럽(1큰술)을 넣고 주걱으로 휘휘 뒤섞는다. 가루 같은 느낌이 없어지고 반죽이 완성되면 도우를 몇 번 접어 약 3cm 두께로 맞춰 조절한다. 6~8등분으로 잘라 190℃ 오븐에서 20분 동안 굽는다.

## 두부 생초콜릿

**만드는 법(15.5×12.5×높이 2.5cm의 바트 1개분)**

1. 하룻밤 물기를 뺀 연두부(150g)를 푸드 프로세서(food processor)로 으깨어 부드러워지면 녹인 초콜릿(150g)과 초콜릿 리큐어(1작은술)를 넣고 휘저어 섞는다.

2. 접시에 쿠킹 페이퍼를 깔고 1을 부은 뒤 냉동고에서 2시간 정도 차게 굳힌다. 한입 크기로 잘라 코코아파우더(3큰술)를 뿌린다.

우리 집은 이 과자(보로)를
도우로 사용했지만 다른
과자나 카스테라를 사용해
도 좋다.

# 두부 티라미수

**만드는 법**(15.5×12.5×높이 2.5cm의 바트 2개분)

1. 하룻밤 물기를 뺀 두부(400g)와 마스카르포네
   치즈(100g), 연유(4큰술), 커피 리큐어(2작은술),
   시나몬파우더(약간)를 푸드 프로세서에 넣어 부
   드럽게 반죽한다.

2. 과자나 카스테라(적당량)를 잘게 으깨어 접시에
   깔고, 그 위에 커피 리큐어(1/3작은술)와 에스프
   레소(60ml)를 섞은 것을 끼얹는다. 1을 표면에
   올리고 냉장고에서 1~2시간 차게 한다. 먹기
   직전에 코코아파우더(1~2큰술)를 뿌린다.

# 빵 식사 세트

도톰하게 자른 식빵으로 토스트를 만들고
커피를 잔 가득 따라 마시는
그런 아침식사가 정말 좋다.
아침 식탁을 간편하면서도 화사하게 꾸며 주는
우리 집의 베스트 아이템!

## 잼

오스트리아 다보(Darbo)사의 딸기잼(왼쪽)은 맛이 화려하진 않지만 과일 함유율 70%로 매일 먹어도 질리지 않는다. 스위트가든(Sweet Garden)사의 브랜드인 YUJI AJIKI의 애프리콧(apricot) 잼(오른쪽)은 산미가 절묘해서 요거트와도 잘 어울린다.

## 버터 & 치즈

빵에 십자 모양으로 칼집을 내고 버터를 듬뿍 스며들게 하는 것을 무척 좋아한다. DEAN&DELUCA(위)의 버터는 염분 맛이 단연 뛰어나다. 프랑스 샹파뉴 지방의 Caprice des Dieux 치즈(아래)는 부드럽고 냄새가 없어 먹기 좋다. 미니 사이즈가 사용하기에 편하다.

## 달걀 반숙

토스트에는 노른자가 사르르 흘러내릴 듯한 반숙란을 곁들이면 좋다. 달걀을 삶을 때 같이 물에 넣으면 반숙의 절묘한 타이밍을 알려주는 에그 타이머. BURTON사의 'EGG-PERFECT'는 우리 집 필수품이다.

## 샐러드·소시지

샐러드는 잎채소에 올리브와 바삭바삭한 베이컨, 버섯, 토마토 등을 토핑한다. 드레싱은 엑스트라 버진 올리브오일에 발사믹 식초, 레몬즙, 마요네즈, 소금, 후추를 넣어 만든다. 소시지는 미타야(三田屋) 제품을 선호한다.

# 손쉽게 만드는 샌드위치

작은 프라이팬을 접시 대신 뜨거운 채로 내기도 하고,
빵에는 노릇노릇 맛있어 보이게 자국을 내기도 하고…
조금만 아이디어를 내면 우리 집 카페 분위기가 한결 무르익는다.

## 아스파라거스 오픈 샌드위치

**만드는 법(1인분)**

작은 식빵(1장)에 미니 아스파라거스(7~8개/뿌리 부분은 1cm 정도
자른다)를 올리고 소금과 후추를 약간 뿌린다. 그 위에 피자용 치
즈(40g)를 올리고 파르메산 치즈 가루를 뿌려 토스터에서 치즈가
녹을 때까지 굽는다.

*아스파라거스 밑에 베이컨을 놓거나 위에 반숙란을 올려도 맛있다.

## 참치와 블랙올리브 샌드위치

**만드는 법(2인분)**

1. 캔 참치(2캔)에 잘게 썰어 매운 맛을 제거한 양파(1/8개), 마요네즈(2큰술), 식초(1작은술)를 섞어 소금과 후추로 간을 맞춘다.

2. 그릴 팬에서 식빵(6등분/4장)을 노릇노릇하게 구워 버터 적당량을 바른다. 빵 2장 사이에 써니 레터스*(2장. 2인분에 4장), 1의 절반 분량, 씨를 빼고 잘게 썬 블랙올리브(2인분에 2큰술 남짓), 얇게 썰어 매운 맛을 제거한 적색 양파(1/8개. 2인분에 1/4개)를 넣은 뒤 빵을 잘라 도마에 올린다.

*주름이 많은 잎 양상추의 일종.

## 크로크 무슈

**만드는 법(2인분)** ※사진은 1인분, 4조각

1. 달걀(4개)을 풀어서 우유(6큰술), 마요네즈(2큰술), 소금(약간), 굵게 간 후추를 넣고 한데 잘 섞은 뒤 식빵(8조각분. 4장)을 담근다.

2. 1의 빵 2장에 치즈와 햄(각 1장)을 끼워 넣고 가열된 프라이팬에 버터(적당량)를 녹여 식빵 양면을 노릇노릇하게 굽는다. 원하는 크기로 자른다.

## 옛 카페풍 달걀 샌드위치

**만드는 법(2인분)**

1. 달걀(4개)을 풀어 마요네즈(1큰술), 우유(1큰술), 설탕(1작은술), 소금(약간), 후추(약간)를 넣고 골고루 섞는다.

2. 프라이팬을 약불~중간불로 가열하고 버터(적당량)를 녹여 1의 절반 분량을 붓는다. 프라이팬의 끝쪽부터 말면서 사각형으로 접는다. 이것을 2개 만든다.

3. 식빵(8조각/4장) 2장에 버터 적당량을, 또 다른 2장에는 마요네즈, 케첩, 머스터드(각 1작은술)를 섞어 바른다.

4. 버터를 바른 빵에 얇게 썬 오이(1개)와 2에서 만든 달걀지단을 차례로 올리고, 다른 1장의 빵을 올린다. 젖은 행주로 덮어 5분 정도 두었다가 식빵의 귀를 잘라 내고 4등분으로 자른다.

# 카페노마 10문 10답

커피나 홈 카페와 관련, 자주 듣는 질문에 답했습니다!

**Q1  하루에 커피를 몇 잔이나 마시나요?**

보통 때는 블랙커피로 하루에 석 잔 정도 마셔요. 그때그때 기분에 따라 우유를 넣어서 라테나 다른 커피로 어레인지해서 마시기도 하고요.

**Q2  각 계절에 맞게 커피를 마시는 방법이 있다면 알려주세요.**

더운 여름에는 역시 아이스커피가 최고지요. 특히 더치커피는 순하고 잘 넘어가서 여름에 아주 그만입니다. 날씨가 차가워지면 뽀글뽀글 물이 끓어오르는 사이펀 커피가 생각나요. 에스프레소나 모카포트로 내린 진한 커피를 베이스로 한 카페라테는 계절에 관계없이 뜨겁게 마셔도 좋고 아이스커피로 마셔도 좋아서 일 년 내내 빠지지 않는 메뉴입니다.

**Q3  커피를 즐길 수 있는 비결이 따로 있나요?**

원두를 가는 일부터 해보면 즐겁습니다. 원두커피가 달그락달그락 커피밀에 경쾌하게 부딪치는 소리를 듣고, 사각사각 갈리는 감촉을 느끼면서 말이죠.
은은히 피어오르는 커피 향에 둘러싸여 아무런 근심 없이 편안해지는 시간이에요.

**Q4  커피와 어울리는 화과자를 추천하신다면 어떤 게 있을까요?**

달콤한 화과자는 의외로 블랙커피와 아주 잘 어울립니다. 추천하고 싶은 화과자는 요코하마모토마치(横浜元町)에 있는 〈고로안(香炉庵)〉의 '흑설탕 도라야키'입니다. 그리고 센다이(仙台)에 있는 〈시로마츠가 모나카 혼포(白松がモナカ本舗)〉의 '미니 모나카'도 권하고 싶군요. 이곳 모나카는 작아서 한입에 쏙 들어가는 그 느낌이 블랙커피와 먹기 딱 좋거든요.

**Q5  좋아하는 서양과자점을 알려주세요.**

도쿄 도큐도요코(東急東横)선 가쿠게이다이가쿠(学芸大学)역 바로 근처에 있는 〈마터호른

(matterhorn)〉의 '바움쿠헨(Baumkuchen)' 케이크가 촉촉하니 아주 맛이 좋아요. 그리고 한 손으로 커피를 마시면서 한 손으로 집어먹을 수 있는 간식이라면 미에(三重) 현 쓰(津) 시에 있는 〈T2과자공방〉의 '사과 초콜릿'과 도쿄 아사쿠사(浅草) 〈케이크하우스 다카라야〉의 '오렌지 초콜릿'도 빼놓을 수 없겠네요.

Q6  마음에 드는 베이커리도 알려주시겠어요?

도쿄 세타가야(世田谷) 구에 있는 〈벤트 드 루도(Vent De Ludo)〉에서는 부식으로 먹을 빵을, 가까운 요코하마에도 있는 〈불랑제리 장 프랑수아(Boulangerie JEAN FRANÇOIS)〉에서는 바게트를 사곤 해요. 그 밖에도 도쿄는 시나가와(品川)와 히로오(広尾), 오사카는 우메다(梅田), 후쿠오카는 덴진(天神) 등 전국 여러 곳에 점포가 있는 뉴욕 발상의 〈THE CITY BAKERY〉에서 식빵도 자주 구입합니다.

Q7  커피에 관련된 좋아하는 영화가 있나요?

〈트윈 픽스(Twin Peaks)〉요. 블랙커피와 도넛을 먹으면서 보면 좋을 거예요.

Q8  좋아하는 음악은 무엇인가요?

(주로 1950년대의) 재즈 스탠더드를 노래하는 여성 보컬의 앨범을 좋아해서 자주 듣곤 합니다. 그리고 보사노바나 클래식 피아노곡 등 조용한 음악도 좋아하는데, 전부 커피를 마실 때 분위기가 잘 어울리더라고요.

Q9  커피가 있는 공간을 만들 때 어디서 아이디어를 얻었나요?

예전에 업무 관계로 일본 도처와 세계 각지의 카페를 다닐 기회가 무척 많았어요. 그때 만나 마음에 들었던 수많은 카페가 지금의 공간을 만드는 데 기초가 되었지요.

Q10  스타일링을 할 때 어떤 점을 유념하나요?

마음에 드는 커틀러리나 테이블웨어를 저도 모르는 사이에 늘어놓고 싶어지는데, 때로는 무얼 '채우기'보다 '없애는' 것이 더 중요하지 않나 싶어요. 여백이 만들어 내는 '공간'이나 '약간 부족한 느낌'을 의식하면서 매일 조금씩 시행착오를 거친답니다.

EPILOGUE

'집 안의 마음 편한 공간에서 느긋하게 시간을 보내며 맛있는 커피를 마신다.'

우리가 마음속에 그리는 사치는 이렇게나 단순합니다.
하지만 이 간단한 일이 생각보다 쉽지 않습니다.
마음에 들지 않는 것들에 둘러싸여 있고 싶지는 않은데
지나치게 깨끗하고 세련된 공간은 또 마음이 안정되지 않는다면서
온종일 방 안을 왔다 갔다 하는 날이 있는가 하면,
문득 옷장 안에 가득한 물건들이 신경에 거슬려
갑자기 대청소를 시작하는 날도 있습니다.

이렇게 불완전하고 부족함투성이인 우리이기에
하루하루 조금 더 즐겁게 지내기 위해
약간의 아이디어와 차림새를, 좋아하는 커피를 통해
제안하자는 생각에 이르렀습니다.
그렇게 두 사람의 취미를 살려 시작한 일이
인스타그램에 사진과 글을 올리는 것이었습니다.

처음에는 정말 몇 명 안 되는 분들만 찾아오던 인스타그램에
어느 사이엔가 일본뿐 아니라 전 세계의 많은 분들이 찾아와서
댓글을 달고 선물을 보내 주는가 하면
생각지도 못한 교류들이 생겨났습니다.
정말 뜻밖의 기쁨이었습니다.

이 책은 어디까지나 저희가 좋아하는
'커피가 있는 생활'을 제안하고 있지만,
누구든 바쁘고 분주한 나날 속에서 단 한순간이라도
마음 편하게 쉴 수 있는 공간이, 그것도 집에 있다는 사실은
정말이지 멋진 일이 아닐 수 없습니다.

그런 일상을 만들어 가는 데 도움이 될 만한 힌트를
이 책에서 단 하나라도 찾아내셨다면
저희는 더할 나위 없이 기쁘겠습니다.


cafenoma 유바 노부카, 가리코미 류지

## 이 책에 소개된 커피 기구와 원두커피 관련 문의처

▶ 카페 비브몽 디몬슈(cafe vivement dimanche)
　http://dimanche.shop-pro.jp/
▶ 칼리타(Kalita)
　http://www.kalita.co.jp/
▶ 고이즈미 유리제작소
　http://www5b.biglobe.ne.jp/~kgs/
▶ 커피 사이펀 주식회사
　http://www.coffee-syphon.co.jp/
▶ 하리오(Hario)
　http://www.hario.com/
▶ 비알레티(Bialetti)(주식회사 스트릭스디자인)
　http://bialetti.jp/
▶ 보덤 재팬
　www.bodum.co.jp
▶ 호리구치 커피
　http://www.kohikobo.co.jp/
▶ 마루야마 커피
　http://www.maruyamacoffee.com/
▶ 27COFFEE ROASTERS
　http://27coffee.jp/
▶ NOZY COFFEE
　http://www.nozycoffee.jp/index2.php
▶ OBSCURA COFFEE ROASTERS
　http://obscura-coffee.com/

*이 가게들은 모두 일본에 있어 해외 구매와 질의 응답이 불가능 할 수 있습니다.

옮긴이 김윤경

한국외국어대학교를 졸업하고 일본계 기업에서 일본어 통번역과 무역 업무를 담당했다. 바른번
역아카데미에서 일본어 번역 과정을 수료하고 현재 일본어 전문 번역가로 활발하게 활동 중이
다. 옮긴 책으로는『홀가분한 삶』『아무것도 없는 방에 살고 싶다』『나는 단순하게 살기로 했다』
『끝까지 해내는 힘』『이나모리 가즈오, 그가 논어에서 배운 것들』『사장의 도리』『나는 상처를
가진 채 어른이 되었다』『괴테가 읽어주는 인생』등 다수가 있다.

집에서 즐기는 본격 커피와 홈 카페 인테리어

# 커피가 좋아서

1판 1쇄 펴낸날 2016년 11월 21일

지은이 | cafenoma
옮긴이 | 김윤경

펴낸이 | 박경란
펴낸곳 | 심플라이프
등  록 | 제2011-000219호(2011년 8월 8일)
전  화 | 02-338-3338
팩  스 | 02-332-3339
이메일 | simplebooks@daum.net
블로그 | http://simplebooks.blog.me

ISBN 979-11-86757-13-0  13590